Brüssel

Johan Reygaerts

Fotos
Hugo Maertens

lannoo
GEV

Stadt mit zwei Geschwindigkeiten

Im Jahre 1979 feierte die Stadt Brüssel ihr tausendjähriges Bestehen. Mehr als tausend Jahre Geschichte sind vergangen, seit die älteste Niederlassung an den Ufern der Senne zustande kam. Brüssel besteht inzwischen aus neunzehn Gemeinden und bildet seit 1989 im föderalen Königreich Belgien eine eigenständige Region mit einer eigenen Regierung und einem direkt gewählten Parlament.

Im Laufe ihrer Geschichte haben die Brüsseler öfter fremde Herrscher zu Besuch gehabt. Dazu gehörten nicht nur sanftmütige Erzherzöge wie Albrecht und Isabella, sondern auch gefürchtete Tyrannen wie der Herzog Alba.

Heute sind es die Europäer, die sich in Brüssel niedergelassen haben, glücklicherweise mit weniger bösen Absichten als die vielen Herrschaften und Herrscher, die in der früheren Geschichte die Stadt heimsuchten. Brüssel möchte die Hauptstadt Europas werden, oder vielmehr der Europäischen Gemeinschaft. Dazu scheut die Stadt weder Mühe noch Kosten. Die zum Erreichen dieses Ziels gemachten Zugeständnisse sind manchmal etwas extrem. Aber darüber machen sich die Einwohner der Hauptstadt offenbar keine Sorgen. Hat doch die Stadt Brüssel ihres Erachtens künftig eine bedeutende internationale Rolle zu spielen, die in etwa mit der Bedeutung von »Washington DC« für die Vereinigten Staaten zu vergleichen wäre.

Dies alles hat zur Folge, daß Brüssel in letzter Zeit eine besonders stark besuchte Stadt geworden ist. Da die NATO und die EG in dieser Stadt ihren Sitz haben, leben und arbeiten hier sehr viele Vertretungen der einzelnen Mitgliedsstaaten. Einige Länder haben in Brüssel sogar mehr als einen Botschafter. Brüssel weist außerdem eine der größten Pressekonzentrationen der Welt auf. Journalisten sind in Brüssel nicht dünn gesät. Es gibt sie in einer unendlich größeren Zahl als die Kneipen oder die Restaurants, und in der Hinsicht hat die Stadt schon keinen Grund zur Klage.

Abgesehen davon leben die Brüsseler ihr eigenes Leben, fast wie in einer Stadt mit zwei Geschwindigkeiten. Es gibt einerseits den sehr offiziellen Teil mit dem Königreich, seinen Regierenden und seinen Vertretern, den internationalen Organisationen wie den NATO und den EG, die flämische Regierung, die eigene Brüsseler Regierung und die jeweiligen Parlamente. Daneben wohnen und arbeiten die Brüsseler, ihrerseits verteilt über eine ganze Reihe von Dörfern und Pfarreien rund um den Kirchturm. Charakteristisch ist denn auch oft eine typische Dorfmentalität; die Leute dort haben ihre eigene Kirmes und ihr eigenes Dorfleben. Dies verschwindet allerdings allmählich. All diese Dörfer werden in nicht weniger als neunzehn verschiedenen Gemeinden zusammengehalten, die jeweils eine eigene Verwaltung, einen eigenen Gemeinderat und eine eigene Politik haben. Jeder dieser Gemeinden steht ein eigener Bürgermeister vor.

Immer mehr Stimmen werden laut, daß diese neunzehn »Kurfürstentümer« und die örtlichen »Prinzbischöfe« in die Geschichtsbücher gehören, da diese einer allgemeinen Politik für den Großraum Brüssel oder die Brüsseler Region eher hinderlich sind.

Dies alles sind sehr ernste Feststellungen. Auf den folgenden Seiten wird aber deutlich, daß es in Brüssel nicht wirklich so streng und ernst zugeht. Brüssel ist nun einmal von der Mentalität her eine burgundische Stadt, wo gern, viel und großzügig gelebt wird. Eine Atmosphäre, die man auch in den Gemälden Breughels zu spüren bekommt und die der Museumsbesucher sozusagen einatmen kann!

Auf dem Grand-Place ist die »Sieben« Trumpf. Von hier aus herrschten einst sieben Geschlechter über sieben Brüsseler Viertel, gebaut auf sieben Hügeln, die man hier allerdings »Berge« nennt.

Brüssel, eine liebenswürdige Stadt.

Terrassen auf dem Grand-Place, der zum größten Teil nach 1695 gebaut wurde, als das Brüsseler Stadtzentrum im Auftrag des französischen Sonnenkönigs in Schutt und Asche gelegt wurde.

*Fremde Herrscher, wie z.B. Karl von Lothringen, waren für Brüssel manchmal eine Wohltat.
Dieser österreichische Landvogt aus dem achtzehnten Jahrhundert stand an der Spitze
des Deutschen Ordens.*

Die Grafen Egmont und Hoorne, die hier auf ihrem Sockel am Petit Sablon friedlich nebeneinanderstehen, wurden vom tyrannischen spanischen Herrscher Alba enthauptet, der auch in Brüssel ein Blutbad anrichtete.

Es gibt das offizielle Brüssel, so z.B. in diesem Palast der Nation, dem nationalen Parlament.

Oben
Viele ausländische Touristen
kommen in Brüssel im
Zentralbahnhof an, einem Bauwerk
des berühmten Art Nouveau-
Architekten Victor Horta.

Links
Seit der Unabhängigkeit Belgiens
im Jahre 1830 wurden fremde
Invasoren immer mit bösen Blicken
vertrieben.

Oben
Auch das Geschäftsleben floriert in
Brüssel. Am EG-Schmelztiegel
möchte die ganze Welt teilhaben.

Rechts
Die Zahl der Bürohäuser wächst
ständig und dominiert allmählich
die Hauptstadt. Die gesamte
Weltpresse, Hauptgeschäftsstellen
von Unternehmen, Banken,
Botschaften und allerhand
Vertretungen kommen hier zu
einem Knäuel zusammen.

St. Jakob-op-de-Coudenberg ist nicht nur die Hauptkirche des Bistums dem die Streitkräfte untersteht, sondern auch Pfarrkirche von Brüssels am dünnsten besiedelter Kirchengemeinde: insgesamt 52 Menschen, darunter König Baudouin, leben unter dem Kirchturm dieser Pfarrei.
Der zur Legende gewordene Kreuzfahrer Gottfried von Bouillon hält hier in der Oberstadt die Fahne hoch.

Der Zonienwald ist eine Oase der Ruhe in der Hauptstadt.

Links
Ein kleiner Palast in der rue de la
Régence, wo König Albert I.
geboren wurde und wo jetzt der
Rechnungshof seinen Sitz hat.

Oben
Ein nettes Häuschen mit
Balkongarten. Brüssel bietet etwas
für jeden Geschmack !

Brüssel sieben mal sieben

In Brüssel ist die »7« Trumpf! Diese heilige »7« kommt übrigens wenigstens auch »7«mal zur Geltung. Zu dieser Schlußfolgerung kamen bereits mehrere kluge Geister und Kenner dieser Stadt. Puteanus schrieb über diese magische »7« das Gedicht »Bruxella Septanaria«.

So besteht der niederländische Name dieser ursprünglich flämischen Stadt, »Brussel«, aus *sieben Buchstaben.*

Brüssel hat außerdem mit Rom und noch einigen anderen Weltstädten gemein, daß die Stadt im Laufe der Jahrhunderte auf *sieben Hügeln* gebaut wurde! Die Bezeichnung »Hügel« ist den Einwohnern der Hauptstadt allerdings doch etwas zu geringschätzig, deshalb sprechen sie, nicht ganz ohne eine gewisse Eitelkeit und mit sieben Gramm Stolz, über ihre sieben »Berge«. Gemeint sind der Coudenberg, der Galgenberg, der Mont des Arts, der Molenberg, der Reuzenberg, der Treurenberg und der Montagne aux Herbes Potagères.

Brüssel besteht ebenfalls aus *sieben Vierteln*, die damals *sieben Pfarreien* bildeten. Am bekanntesten dürfte der Grand-Place sein, und wenn man nur mal kurz in Brüssel vorbeikommt, ist dieser »schönste Platz der Welt« zweifellos ein absolutes Muß. Daneben zählt man noch sechs andere Viertel, deren Namen aber den Bürgern der Stadt selbst im Jahre 1992 noch kaum alle bekannt sind. Dennoch spricht man beispielsweise über das Boerenwijk, das Quartier du Port, die Marolles, das Quartier des Palais, das Quartier du Sablon und Saint-Géry, wo einst die Wiege der Stadt stand.

Sieben Geschlechter hatten im Mittelalter in Brüssel das Sagen. Fünf von diesen Familien trugen einen Namen, der mit »S« anfing: Serhuygs, Seroeloffs, Sleeus, Steenweeghe und Sweerts. Coudenberg und Rodenbeecke sind die einzigen Ausnahmen, waren deshalb aber nicht weniger mächtig.

Auf den Grand-Place münden *sieben Straßen*, aber da hat die magische »7« noch mehr Rechte geltend zu machen. Schließlich gibt es noch, genauso wie im alten Theben, *die sieben Stadttore*, aus denen sich sowohl die erste als die zweite Stadtmauer zusammensetzte.

Der Grand-Place bildet ein merkwürdiges Ganzes aus eleganten Fassaden, die noch immer die Macht und den Reichtum der Zünfte ausstrahlen.

Oben
*La Porte de Hal ist eines von den
sieben Toren des zweiten
Stadtwalls, der im vierzehnten
Jahrhundert gebaut wurde.
Genauso wie Theben zählte Brüssel
damals sieben Stadttore.*

Rechts
*Wer im Herzen von Brüssel
herumspaziert, entdeckt gleich,
daß diese Stadt eine sehr reiche
kulturelle Vergangenheit hat.*

Links
*Auf den Grand-Place münden
sieben Straßen, darunter die rue au
Beurre, die erste, jahrhundertealte
Handelsstraße.*

Neun Kugeln und ein »Pinkelmännchen« bilden ungefähr überall in der Welt das Wahrzeichen Brüssels, und eigentlich verbindet man sie auch mit Belgien. Reisende aus allen Himmelsrichtungen, die nur wenig Zeit haben, möchten sich trotzdem unbedingt diese zwei Denkmäler in der Hauptstadt ansehen und für das traditionelle Foto posieren. Manneken Pis und das Atomium bedeuten für Brüssel und die ganze Nation genau dasjenige, was die Windmühlen und die Tulpen für die Niederlande sind und was der Eiffelturm für Frankreich und Paris bedeutet.

Neben den beiden obengenannten Symbolen ist auch die Spitzenklöppelei in Brüssel von großer Bedeutung. Die vielen Spezialgeschäfte für Spitzenartikel auf dem Grand-Place und in der unmittelbaren Nähe zeigen deutlich, daß Brüsseler Spitzen — es werden übrigens auch andere verkauft — das Gesicht der Hauptstadt mitbestimmen.

Spitzenklöpplerinnen aus dem Volk, manchmal auch Kinder, bekamen in früheren Zeiten für ihre Arbeit einen niedrigen Lohn, während diese zierlichen Tücher nachher zu übertrieben hohen Preisen weiterverkauft wurden. Sogar Fürstinnen wußten Brüsseler Spitzen als Geschenke zu schätzen. Dies zeigen u.a. die vielen Spitzentücher in der Königlichen Sammlung.

Von Brüssel gingen im Laufe der Zeit auch viele technische Verbesserungen in der Spitzenproduktion aus, so z.B. das Einarbeiten von Spitzenmustern in ein Gewebe.

Heutzutage werden die sogenannten alten Brüsseler Spitzen, die in den Spezialgeschäften der Hauptstadt verkauft werden, in Handarbeit im Fernen Osten angefertigt.

Wer echte alte Spitzen sehen möchte, der wird zwar in bestimmten Geschäften einige Museumsstücke finden, besucht dazu aber doch am besten daß »Spitzen- und Kostümmuseum« in der rue de la Violette, hinter dem Rathaus. Im obersten Stockwerk befinden sich dort auch eine Werkstatt und eine Schule für die Spitzenklöppelei. Das Ganze steht übrigens unter der Schirmherrschaft der Königin.

DER ÄLTESTE BÜRGER DER STADT

Das *Manneken Pis* steht an der Ecke der rue de l'Etuve. Der Name dieser Straße enthält einen Hinweis auf einen großen, für die Dampfproduktion bestimmten Ofen, der sich dort damals in einem türkischen Bad befand. Solche Dampfbäder waren hier in früheren Jahrhunderten meistens auch Bordelle, so daß es einen kaum zu wundern braucht, daß gerade an der Ecke dieser Straße ein Männchen ganz ungeniert und auf eine äußerst anschaulich dargestellte Weise stand und pinkelte.

Über den Ursprung dieser Statuette kursieren Legionen von Geschichten und Legenden. Woher die Figur wirklich stammt, ist den Brüsselern aber nicht bekannt. So soll ein reicher Bürger einen Springbrunnen mit dieser kleinen Statue finanziert haben aus Dankbarkeit dafür, daß er seinen kleinen Jungen, den er bei einem Volksfest in Brüssel in der Menge verloren hatte, wiedergefunden

Brüsseler Spitzen gelten als eine der Visitenkarten der Stadt. Die fleißigen Spitzenklöpplerinnen von damals waren aber mit weniger Gold umgeben als die Klöpplerin auf diesem Aushängeschild.

hatte. Nach fünf Tagen tauchte das Kind plötzlich wieder auf an der Ecke der rue de l'Etuve, wo es frech und fröhlich gerade beim Pinkeln war. Dies tut es jetzt noch immer, das bronzene Manneken Pis, genauso schwungvoll wie damals.

In einer anderen, wilderen Geschichte heißt es, daß es im dreizehnten Jahrhundert einem kleinen Brüsseler Knaben gelang, die Zündschnur einer teuflischen und feindlichen Maschine zu löschen »mit dem Wasser, das ihm gerade zur Verfügung stand«. Dadurch blieb der Stadt Brüssel eine furchtbare Katastrophe erspart. Der Knabe wurde in ebendieser heldenhaften Pose in ganzer Figur skulptiert und an der Stelle, wo er seine kühne Tat vollbracht hatte, verewigt.

Lustiger ist aber die folgende Erklärung. Der Sohn eines Brüsseler Ritters, der sich schon im jugendlichen Alter verliebt hatte in keine Geringere als St. Gudula, die verehrte und gefeierte Schutzpatronin Brüssels, hatte sich die Freiheit genommen, an der Ecke der rue de l'Etuve gegen die Tür eines Eremiten zu pinkeln. Der wußte das offenbar nicht sonderlich zu schätzen, verzauberte das Männlein in eine kleine steinerne Statue und verfluchte es, damit es da auf ewig pinkeln sollte. Merkwürdig ist wohl, daß der erzürnte Eremit offenbar ein natürliches Bedürfnis nicht ausstehen konnte, sich andererseits aber wohl in einer Straße der Unzucht und Unsittlichkeit niedergelassen hatte.

Wie dem auch sei, das Manneken Pis, so wie wir es jetzt kennen, ist eine bronzene Statue, die von der Brüsseler Stadtverwaltung bei dem berühmten Jérôme Duquesnoy, einem der größten Barockbildhauer, 1619 in Auftrag gegeben wurde. Dennoch ist dies nicht die älteste Fassung des Manneken Pis, denn im ostflämischen Geraardsbergen verrichtet ein ähnliches Männlein schon seit 1459, d.h. also schon 160 Jahre länger, seine Notdurft. In einem Text aus dem Jahre 1377 ist bereits die Rede von einer solchen Brüsseler Statuette, die an der Ecke der rue de l'Etuve eine Fontäne schmückte. Diese Skulptur war anfangs aber aus Stein, während die bronzene Fassung 250 Jahre später angefertigt wurde.

Die hauchfeinen Brüsseler Spitzen sind federleicht.
Meterweise werden sie in Koffern und Reisetaschen bis in die entlegensten Ecken unserer Erde exportiert.

Das Brüsseler Manneken Pis besitzt eine besonders umfangreiche Kleidersammlung, die Hunderte von Kostümen zählt. Eine Auswahl all dieser Outfits zeigt das *Museum von Manneken Pis* im Broodhuis auf dem Grand-Place. Das älteste Kostüm stammt aus dem Jahre 1698 und war ein Geschenk von Maximilian von Bayern. Dem pinkelnden Knaben steht ein ganzer Mitarbeiterstab zur Seite: ein »Kammerdiener«, der ihm die Kleider an- und auszieht, was beim Pinkeln ziemlich schwierig ist, und zwei Kammerzofen. Adel verpflichtet, und das gilt nicht zuletzt auch für »den ältesten Bürger der Stadt«.

Manneken Pis, der »älteste Bürger der Stadt«.

24

EIN 160 MILLIARDENFACH VERGRÖSSERTES EISENKRISTALLMOLEKÜL

Ebenso merkwürdig wie originell ist das mehr als 100 Meter hohe *Atomium*, das Symbol der Weltausstellung von 1958 und zugleich der Ausdruck des Glaubens an den Fortschritt und die Zukunft.

Dieses Denkmal, das man einst auf den Schrotthaufen bringen lassen wollte, stellt eine 160 milliardenfache Vergrößerung eines Eisenkristallmoleküls dar. Die neun kugelförmigen Atome wiegen jeweils 200 Tonnen und sind untereinander durch Treppen- und Rolltreppenschächte verbunden.

Als Zeuge des technologischen Fortschritts hat der Architekt-Ingenieur A. Waterkeyn darin den schnellsten Aufzug der Welt aufhängen lassen.

Links
Das Atomium, Symbol der Weltausstellung im Jahre 1958, stellt eigentlich eine 160 milliardenfache Vergrößerung eines aus neun Atomen bestehenden Eisenkristalloküls dar.
Oben
In der unmittelbaren Nähe des Atomiums, neben dem Planetarium, steht Copernicus (Kopernik), mit strengem Blick ins All starrend.

Brüssel: wo es an Librettos nicht mangelt

VERSCHLEIERT UNTER DEN EINIGEN WENIGEN GLÜCKLICHEN

Brüssel steht sich nicht schlecht, und vieles dort ist charmant. Aber wie das genau funktioniert, ist ein ängstlich gehütetes Geheimnis. Diese Stadt ist wie ein »choeur pour mal chanteurs«: Es wird schon mal falsch gesungen, aber die meisten bemühen sich, und wie durch ein Wunder klingt das Lied, das man zu hören bekommt, ziemlich gut und harmonisch, obwohl es, wenn man aufmerksam zuhört, kein perfekt vorgetragener Kanon ist. Die Brüsseler sind also keine Chorknaben!

Derjenige, den der »Geuze« erwischt hat, wird gleich lyrisch und stellt sich die Stadt in seinen Phantasien vor als eine mit einem Schleier verhüllte Schönheit, die man allmählich und mit steigender Entzückung »auspackt«. Wer hingegen zu nüchtern bleibt, der erfährt die Stadt als einen »altbackenen Kuchen«, geschmacklos und nicht mehr herunterzukriegen. Nichts in Brüssel ist eindeutig. So ist der brausende Brüsseler Verkehr für die Leute aus dem Norden ein Hexenkessel; südliche Typen dagegen vermissen in den Straßen der Hauptstadt jenes Gehupe, das die Großstädte in der Dritten Welt so kennzeichnet.

In dem Büro eines zum Establishment gehörenden Brüsseler Stadtrats hängt eine Wanduhr, in der alles umgekehrt funktioniert. Sogar die Zeiger drehen entgegen der Uhrzeigerrichtung, und auf dem Zifferblatt steht die Mitteilung: »En Belgique rien n'est logique«.

Diese Feststellung gilt in noch stärkerem Maße für Brüssel! Alles läuft schief, aber es funktioniert am Ende doch, und das ist für die meisten Einwohner der Hauptstadt das Wichtigste. Wenn alles reibungslos und wie geschmiert verlaufen sollte, dann bliebe nur wenig Raum übrig für einen sogenannten unerlaubten Seitensprung hier oder einen Ausrutscher da, denn noch mehr als alle anderen Belgier mögen es die Brüsseler, in verbotene Früchte zu beißen.

Das Besondere an Brüssel ist, daß es zu den einigen wenigen Glücklichen unter den Weltstädten gehört, die ihren Charme und ihre Energie einem ausgesprochenen Gegensatz verdanken. Warum war Berlin so interessant? Wegen des Nebeneinanderexistierens zweier großer, sich bekämpfender Ideologien, des Kapitalismus und des Kommunismus, innerhalb einer Stadt. Was macht Istanbul überhaupt zu einer besonderen Stadt? Die Bruchlinie zwischen zwei großen Religionen, dem Christentum einerseits und dem Islam andererseits.

Und wie kommt Brüssel denn überhaupt in dieses merkwürdige Pantheon? Weil in dieser Stadt wie in keiner anderen zwei große Kulturen, die lateinische und die germanische, dauernd aufeinanderstoßen. Die daraus hervorgehenden Kollisionen können heute schon mal heftiger sein als gestern, vielleicht aber schon wieder weniger heftig als morgen.

Brüssel kann normalerweise aufgrund seiner Fläche und seiner Einwohnerzahl nicht für sich beanspruchen, eine Weltstadt zu sein. Obwohl es keine richtige Metropole ist, handelt es sich doch um eine Stadt mit kosmopolitischen Aspekten. Dadurch, daß die EG hier ihren Sitz hat, kommen führende Staatsmänner aus der ganzen Welt nach Brüssel. Dadurch umgibt sich die Stadt allmählich mit einer mit Washington D.C. vergleichbaren Aura. Brüssel bildet innerhalb des Königreichs Belgien jetzt schon eine eigene Stadtregion, und es könnte sich im Laufe der Zeit zu »Brussels DB«, d.h. »District of Belgium«, weiterentwickeln.

Links
Die St.-Hubertus-Galerien, die erste überdachte Ladenpassage Europas, wurden 1846 gebaut.

Oben
Das ständige Ringen zwischen
zwei Kulturen, die in Brüssel ab
und zu hart miteinander ins Gericht
gehen, verleiht der belgischen
Hauptstadt einen besonderen
Charakter.

Rechts
«16, rue de la Loi»,
die Amtswohnung des
Premierministers, eine gut besuchte
Adresse. Hier herrscht
ein ständiges Kommen und
Gehen von Regierungschefs und
Staatsoberhäuptern aus aller Welt,
die bei einem EG- und NATO-
Besuch mal kurz vorbeikommen.
Dies unterstreicht die wachsende
Bedeutung der Hauptstadt.

Die Brüsseler haben nie richtig gewußt, ob sie auf ihren Binnen-Seehafen stolz sein sollten.

ROM AN DER SENNE

Brüssel hält auch mit Glanz jedem Vergleich mit anderen Weltstädten stand. Man könnte es sogar das »Rom an der Senne« nennen, da die Gemütsart der Brüsseler mit der typischen Mentalität der Ewigen Stadt vieles gemein hat. Wenn auch die Senne kein Strom, sondern vielmehr ein unterirdisch plätschernder Fluß ist, sehen sich die beiden Städte dennoch sehr ähnlich. Zwar sind die Einwohner der Hauptstadt nicht so temperamentvoll wie die Römer, dann und wann toben sie doch mal wie eine »Spanische Furie«.

Im übrigen geht es in dieser stolzen Brabanter Stadt wohl sehr italienisch zu. Der beste Beweis dafür: Die in Brüssel lebenden Italiener sehnen sich kaum nach der Heimat, schon vom ersten Tag an fühlen sie sich munter wie ein Fisch im Wasser und lavieren sie genauso wie die Brüsseler geschickt zwischen allerhand Problemen und Hindernissen.

Brüssel und Rom sind zwei Hauptstädte von Staaten, die im neunzehnten Jahrhundert konzipiert wurden und bei deren Entstehen die Oper eine bedeutende Rolle spielte. In Italien haben Verdi und seine Opern den

Einigungsprozeß wesentlich beeinflußt, in Brüssel brach die Revolution aus bei der Aufführung der schlecht gesungenen Oper »Die Stumme von Portici« — im Theater der Monnaie.

Die Operette ist ebenfalls ein sehr beliebtes Genre, meistens aber in der politischen Küche, wo Regierungen auf der sprichwörtlichen Bananenschale ausrutschen. Es mangelt also nicht an Librettos !

*Die Kongreßsäule, die von einer Statue des ersten belgischen Königs Leopold I. gekrönt wird,
gilt als unerschütterliches Symbol des belgischen Staates.
Am Fuße dieses Denkmals brennt die Ewige Flamme.*

Während sich solche Szenarien vor dem Hintergrund sich schnell ändernder politischer Bühnen in dieser Stadt abspielen, benehmen sich die Brüsseler bestimmt nicht wie die Marionetten, obwohl sie andererseits die schöne Kunst des Marionettentheaters glanzvoll in Ehren halten.

Das soll auch keinen wundern, denn wenige europäische Städte haben so viele fremde Herrscher und Unterdrücker gekannt wie Brüssel. Selbstverständlich hat dies dazu geführt, daß die Brüsseler im Laufe der vielen Jahrhunderte der Unterdrückung die nötigen Tricks und Kniffe entwickelt haben, mit denen sie, wenn immer das nötig war, die Stadtverwaltung und den Staat hinters Licht führen konnten.

Obwohl er selbst meint, er sei der einzige echte und gute Belgier, ist der Brüsseler ein Meister im Umgehen von Gesetzen, Geboten und Verboten, die ihm der Staat auferlegt. Die Brüsseler nutzen jede Chance aus, die Behörden an der Nase herumzuführen und dann ruhig weiterzuwirtschaften, bis sich die nächste Gelegenheit bietet.

Brüsseler sind auch sehr eigensinnig und äußerst unabhängig. Sie können längere Zeit den Dingen ihren Lauf lassen, aber dasjenige, was sie wirklich nicht haben wollen und was sie stört, das findet auch nicht statt. So wollten sie vor einigen Jahrhunderten von einer möglichen

Universität nichts wissen, weil sie, koste es, was es wolle, die Jungfräulichkeit ihrer Töchter erhalten wollten. Sie meinten nämlich, mit Studenten, die doch im allgemeinen als lustige Zechbrüder gelten, könne man ja nie wissen. Die Universität solle denn auch anderswo ihr Glück versuchen. So entstand die renommierte und weltweit Ansehen genießende Katholische Universität von Löwen.

Das einst so mondäne Hotel Métropole am Place De Brouckère krönt eine Statue, die wie keine

andere — ohne daß dies ursprünglich wirklich so beabsichtigt war — die Atmosphäre und die Stimmung Brüssels ins Bewußtsein ruft. Die in Stein erstarrte Dame auf dem Giebelfeld sieht in etwa aus wie eine verkleinerte Kopie der New Yorker Freiheitsstatue. Eigentlich symbolisiert sie den »Fortschritt«, trägt sie eine Krone aus Licht und bückt sie sich unter einer Fackel, mit der sie die Welt beleuchtet. Wunderschön ist das! Nur, sie benutzt dazu energiesparende Lampen...

Diese Dame am Fuße der Triumphbögen am Cinquantenaire beobachtet schon seit dem fünfzigsten Jahrestag der Unabhängigkeit des belgischen Königreichs das Ganze mit kritischem Blick.

*Der Pavillon Leopolds I. im Laekener Park; ein kleiner Tempel in
neogotischem Stil, mit einer zierlichen Spitze.*

Oben
Die Mellaerts-Teiche im Park von
Woluwe, wo man Kanu fahren und
angeln kann.

Unten
Fabrikschlote in Vilvoorde.

Rechts
Dieser Elefant aus Stein steht vor
dem Königlichen Museum für
Mittelafrika in Tervuren.

*Faulenzen und ein Sonnenbad
nehmen im Park von Woluwe.
Es ist Leopold II. zu verdanken,
daß dieses Stückchen Natur
erhalten geblieben ist.*

*Der Einwohner der Hauptstadt
schätzt seine Ruhe und findet noch
an so mancher Stelle ein friedliches
Eckchen.*

Oben
In dieser recht geräumigen
Wohnung in Anderlecht hielt sich
1521 Desiderius Erasmus eine
Zeitlang auf. Später sehnte er sich
immer wieder nach Anderlecht
zurück. Jetzt befindet sich hier das
»Erasmushaus«, ein Museum mit
Handschriften des großen
Humanisten und mit Gravüren
Holbeins.

Unten
Der Beginenhof von Anderlecht.
Hier wohnten gottesfürchtige
Frauen, Beginen bescheidener
Herkunft, was sich auch am Baustil
und an der Größe der Häuser zeigt.

Rechts
Der Grand-Place ist eigentlich
am schönsten, wenn dort die
Blumenverkäufer stehen, unter
ihren rot-grünen, die Farben der
Stadt tragenden Sonnenschirmen.

Brüssel ist zu einem Babel geworden, mit Stimmen aus der ganzen Welt, sogar auf dem täglichen Flohmarkt.

Der Brüsseler Schmelztiegel, Europa und die anderen...

Wie jede andere Stadt mit kosmopolitischen Allüren und Ambitionen ist auch Brüssel zu einem Schmelztiegel von Völkern und Kulturen geworden. Daß die zwei großen Kulturen, die lateinische und die germanische, ihre Konflikte in dieser Stadt manchmal bis aufs Messer austragen, ist nicht neu. Jetzt weht aber in Brüssel ein frischer Wind, manchmal sogar eine lebhafte Brise, infolge der stärker werdenden Anwesenheit immer mehr anderer Völker, Kulturen und Religionen. Dies bedeutet für die Stadt eine Bereicherung, macht sie irgendwie jünger und frischt sie auf. Brüssel hatte dies aber nötig, denn die Bevölkerung der Hauptstadt vergreiste allmählich. Man brauchte einfach frisches Blut.

Brüssel als Sitz der Europäischen Institutionen und als zukünftige Hauptstadt des Abendlands, die sie gerne werden möchte, hat aber inzwischen eine immer größere Anziehungskraft bekommen. Brüssel hat die EG innerhalb seiner Stadtmauern und wirkt als solche wie ein Magnet auf fast alle Völker und Kulturen der Welt, denn in Europa, und bestimmt auch in der Hauptstadt Europas, lebt es sich relativ gut. Viele möchten denn auch möglichst nahe bei den Fleischtöpfen Europas wohnen.

Bis vor kurzem stellte die Anwesenheit der Europäischen Kommission, des Europäischen Parlaments und der Europäischen Verwaltung kein wirkliches Problem dar. Gerade dadurch ist die Stadt jedoch für diejenigen, die da leben möchten, viel teurer geworden. Die Internationalität hat ihren Preis, das zeigt sich auch in Brüssel. Und in letzter Zeit schleicht sich Europa nicht länger in die Stadt ein, vielmehr wird jetzt viel Tamtam und Theater darum gemacht.

Vorsicht sei geboten, damit Brüssel keine Stadt wird, wo Bürger mit verschiedenen Rechten und Pflichten wohnen und wo bestimmte minder bemittelte Bevölkerungsgruppen in unerfreuliche Gettos geraten können. Das Schicksal Washingtons sollte Brüssel in der Hinsicht als unheilvolles Beispiel vor Augen schweben!

Die Europäer und die anderen Völker, die sich in Brüssel seßhaft machten, haben auch ihre Küchengeheimnisse und Kochrezepte mitgebracht. Dies hat die ohnehin schon reichlich gefüllten Speisekarten in den Restaurants und Speiselokalen noch aufgeschwellt. Die Brüsseler legen nun einmal großen Wert auf eine gute Eßkultur!

In Brüssel hat auch eine beträchtliche Zahl verschiedenster Religionen Fuß gefaßt. Allein Römisch-katholische Gottesdienste gibt es in fast vierzig verschiedenen Sprachen. Und bedeutet es keine kulturelle Bereicherung, wenn man feststellt, daß in einer einzigen Gemeinde wie z.B. Saint-Gilles mehr als 110 verschiedene Nationalitäten zusammenleben? Die exotisch duftenden Märkte und die farbigen, fremdländisch aussehenden Straßen — wenn auch nicht immer musterhaft geordnet und sauber — bestimmen hier das Aussehen. Auch wenn dies von einigen bedauert wird, die diese Bereicherung eben nicht als ein Geschenk betrachten.

Die Europäische Gemeinschaft in Brüssel ist ein Synonym für eine reichhaltige Auswahl an Kulturen, Sprachen, Religionen und Gesinnungen.

Oben
Auch auf dem Grand-Place sind
Leute aus der ganzen Welt zu
sehen, Gesichter und Farben aus
allen Ecken der Erde.

Links
Einwanderer tragen zur
Verjüngung der einheimischen
Bevölkerung bei und verleihen dem
Leben in der Hauptstadt Charakter
und Farbe.

Oben
Auch bei den Brüsseler
Antiquitätenhändlern und
im Kunsthandel sind andere
Kontinente und Kulturen immer
sehr nahe. So beherrscht der
Kopf eines meterhohen
Schlaginstruments aus Polynesien
eine Brüsseler Gasse in der Nähe
des Sablon.

Links
Die schwarze Bevölkerung Afrikas
hat während der belgischen
Kolonisierung Kongos (des
heutigen Zaire) dem Land und
seiner Hauptstadt viel Reichtum
und Wohlstand eingebracht.
Zeugen davon findet man überall in
der Stadt. Im Matonge-Viertel in
Elsene geht es jeden Tag sehr
animiert zu, denn dort wohnen
viele Zairer mit ihrem ewigen
Lachen und ihrer nicht zu
erschütternden guten Laune.

Im Park von Tervuren ließ König Leopold das imposante Königliche Museum für Mittelafrika erbauen, wo die Kultur und die Geschichte Mittelafrikas zu bewundern sind.

Rechts
Allein römisch-katholische
Gottesdienste gibt es in dieser Stadt
in fast vierzig verschiedenen
Sprachen, z.B. in der prächtigen
spätgotischen Kirche
Notre-Dame-du-Sablon.

Rechts
Es gibt kaum eine Religion, die
nicht auch in Brüssel irgendwie
vertreten ist. Dies ist der Turm der
russisch-orthodoxen Kirche der
Zaristen in Uccle.

Links
Immer mehr Osteuropäer lassen
sich in der Hauptstadt nieder und
bringen Auszüge aus klassischen
Musikstücken in Brüsseler Straßen
und Gassen zu Gehör.

Folgende Seiten
Sogar auf dem Flohmarkt sind
Dinge aus allen Kontinenten
zu sehen. Bilder des einheimischen
Sankt Nikolaus und Heilige aus der
ganzen Welt stehen dort neben
kräftigen japanischen Kriegern,
massiven chinesischen Vasen,
zerbrechlichen indonesischen
Vogelkäfigen und Spiegelrahmen
ohne Spiegel. Eines haben all diese
Dinge gemeinsam: Alles ist
käuflich !

DIESER UNERSÄTTLICHE MAGEN

Den Brüsselern gab man den Spitznamen »kiekenfretters«, d.h. auf deutsch wörtlich »Hühnerfresser«, obwohl sie vor allem für das feinere Hähnchen eine Schwäche haben. Aber diese unaufhaltsam genießenden und wenigstens in dieser Hinsicht nicht zu bremsenden Burgunder verlustieren sich an viel mehr als bloß Hühnchen oder sogar Küken, wie man sie im »Comme chez Soi«, einem hervorragenden Drei-Sterne-Restaurant — aber bitte nach vorangehender Reservierung und mit Krawatte (!) —, auf dem Teller serviert bekommt.

Brüssel bildet zusammen mit Lyon und Paris das unübertreffliche Triumvirat, das das Zepter schwingt über diejenigen Städte in der Welt, wo am besten gegessen wird. Mit der zusätzlichen Feststellung freilich, daß in Brüssel viel besser getafelt wird als in der »Lichterstadt«, die nicht einmal stolz sein kann auf eine eigene Küche, wie diese in Brüssel voller Hingabe gehegt und gepflegt wird. Übrigens ist es weltweit bekannt, daß Brüssel und seine Umgebung die uralte burgundische Küche im Laufe der vergangenen

Schier unersättlich scheint man in Brüssel. In der Mitte: »Chez Léon«, der König der Muscheln mit Pommes frites. »Mussels ? This must be Brussels !«

Jahrhunderte bis auf den heutigen Tag bewahrt, aufrechterhalten und verbessert haben. Dazu bedurfte es hier keiner Hinzufügung vorübergehender »Nouveautés« oder modischer Frivolitäten.

Wir möchten die Dinge jetzt nicht hochspielen, aber es ist ein offenes Geheimnis, daß die Leute aus Paris dann und wann mal nach Brüssel herüberkommen, wenn sie mal ausgiebig speisen möchten. So einfach ist das ! Übrigens machen sich viele Brüsseler Köche kaum etwas aus den Sternen, die von den Franzosen den besten Restaurants verliehen werden. Einer unter ihnen hing sogar an die Tür ein Schild mit einem förmlichen Eintrittsverbot für »Sterne-Inspektoren«, sogar für die der besseren Sorte !

Gehen wir aber jetzt mal auf die Suche nach einigen in Brüsseler Restaurants servierten typischen Gerichten.

»MUSSELS ? THIS MUST BE BRUSSELS !«

Brüsseler Rosenkohl, weltweit bekannt als »Brussels sprouts«, wurde damals als kleine Kohlpflanze angebaut auf den Hängen von Saint-Gilles, einer von den heutigen neunzehn Gemeinden Brüssels. Die kugeligen Röschen sind verführerisch und unwiderstehlich, wenn man sie mit Kartoffeln und einem Kotelett von einem Brabanter Schwein serviert, das noch in Freiheit hat herumtollen dürfen.

Ein anderes Meisterstück aus der lokalen Brüsseler Küche ist der sogenannte »Stoemp«, eine Art Eintopf. Wenn denen da oben im Himmel das Bestehen dieses Gerichts bekannt wäre, weigerten

sich die Heiligen, noch länger Reisbrei zu essen, einmal nicht mit goldenen Löffelchen.

»Stoemp« ist im Grunde sehr einfach zuzubereiten. Man kocht Kartoffeln, diese Pflanze, die in Brüssel und auch im übrigen Teil des Landes nicht als Gemüse gilt, sondern irgendwie eine Sonderstellung einnimmt. Auch das andere Gemüse — am liebsten Kohl oder Spinat — wird gekocht. Die Kartoffeln und das Gemüse nachher miteinander vermischen und sie zu einem farbigen Püree »stoempen«, d.h. stampfen. Im Restaurant sollte man zeigen, daß man wirklich Bescheid weiß. Deshalb läßt man den Ober die manchmal etwas fette, aber meistens herrlich schmeckende Soße in eine Vertiefung, die man sich im »Stoemp« gemacht hat, hineingießen. Das Ganze durcheinanderrühren. Himmlisch schmeckt das ! Gebratene Speckwürfel können den feinen Geschmack dieses typischen Brüsseler Gerichts noch erhöhen. Dazu ißt man beispielsweise ein paar kräftige Stücke Speck, Blutwurst oder Wurst.

Vor vielen Jahren wurde ein ehemaliger Premierminister der katholischen Partei schwer attackiert, weil er im Wahlkampf versucht haben soll, die Einwohner von Brüssel mit einem Wurstgericht für seine Partei zu gewinnen. Das war laut Wahlgesetz nicht erlaubt und führte zu heftigen Disputen. Der betreffende Politiker, der sich überhaupt keiner Schuld bewußt war und der außerdem in Brüssel ein bekannter Hersteller von Wurstwaren war, meinte dazu ganz lakonisch: »Und dies alles wegen zwei Würsten und etwas Kompott.«

Oben
«Chez Jean» serviert gutbürgerliche Küche nach burgundischer Art. Dies ist eines der vielen Brüsseler Restaurants mit einer langen Tradition; so typisch einheimisch, daß sogar der Bürgermeister dort ein Stammgast ist.

Rechts
Jeden Tag werden im »Ilot Sacré« ganze Gletscher transportiert, damit darauf Berge voller Lebensmittel ausgestellt werden können. Eine wahre Augenweide !

Auch das Kompott, gemeint ist Apfelmus, ist bei den Brüsselern sehr beliebt. Meistens aber ißt man dies zu Hause, schon wieder mit Kotelett oder mit Wurst, wenn möglich noch mit Pommes frites dazu.

Über Pommes frites und deren Ursprung ist schon manches Buch geschrieben worden. Fest steht aber, daß Brüssel die Hauptstadt jenes Landes ist, in dem die Pommes frites am besten zubereitet werden. Überall auf der Welt werden die belgischen Pommes frites, die zweimal gebacken werden, sehr geschätzt. Aber auch dieser Leckerbissen ist bestimmt nicht gut für »Weight Watchers«. In Tokio weiß man inzwischen Bescheid. Dort stellte Belgien auf der Weltausstellung seine Pommes frites der Öffentlichkeit vor. Die schlanken Hostessen, die die

Tüten mit Pommes frites verkauften, hatten gegen Ende der Weltausstellung zwischen zehn und zwanzig Kilogramm zugenommen...

Wer an Pommes frites denkt, sagt gleich auch Muscheln. »Mussels, this must be Brussels«, so heißt es im geflügelten Wort. Die bekanntesten Brüsseler Eßlokale sind nicht gleich auch die besten Adressen, wenn man mal richtig Muscheln essen möchte. Wir, und viele Brüsseler zusammen mit uns, sind schon seit vielen Jahren versessen auf die Muscheln »Chez Henri«, rue de Flandre 113, eine für Nichteinheimische vollständig unbekannte Adresse. Es gibt daneben natürlich auch »Chez Léon« in der rue des Bouchers, das sich selbst bei Ausflüglern und Touristen als das Mekka der »Muscheln mit Pommes frites«

54

55

anpreist. Aber die aus Mekka werden bald nicht mehr nach Brüssel zu kommen brauchen, denn »Chez Léon« eröffnet seine Muschellokale fast überall in der Welt, von Moskau bis zu den Champs Elysées und von New York bis Tokio.

Einige Brüsseler Muschelrestaurants servieren die Tiere nach unzähligen verschiedenen Zubereitungsweisen. Wer eine Schwäche hat für »Moules parquées«, roh aus der Schale, der findet u.a. etwas nach seinem Geschmack bei einer Bude auf dem place Sainte-Cathérine, in der unmittelbaren Nähe des Marché aux Poissons. Dieser Leckerbissen, den man im Stehen schlürft, ist

aber auch bei den vielen »Caracolemadammen« zu haben, die auf ihren kleinen Karren im Grunde vor allem »Escargots«, d.h. Weinbergschnecken, und andere Schalentiere verkaufen. Die Verkäuferin wird Ihnen einige Nadeln reichen. Stecken Sie sich diese nicht auf den Hut, sondern lösen Sie damit die Weichtiere aus ihrer Schale. Trinken und kosten Sie inzwischen den stark gewürzten Selleriejus und atmen Sie dabei den Duft der darin befindlichen Gewürzmischung ein, deren Zusammensetzung zu einem der am strengsten gehüteten Brüsseler Familiengeheimnisse gehört. »Caracolemadammen« bieten dies ihren Kunden als eine Art

Kundendienst an, damit der Kunde auch zurückkommt..., und es gibt Brüsseler, die sich tatsächlich jeden Tag ihre Portion kaufen und zugleich die Gelegenheit nutzen, ihre Lebensgeschichte der letzten vierundzwanzig Stunden den anderen zu erzählen. Tischgespräche im Stehen sozusagen.

»Boestring« riecht auch nach Fisch und ist im Grunde nichts anderes als ein geräucherter Hering mit irgend etwas dazu. Früher war dies, wie so viele andere lokale Spezialitäten, ohne weiteres Armeleuteessen. Heute läßt sich der »Boestring« als eine Leckerei in vielen Fischrestaurants am Marché aux Poissons genießen.

«Fröhliches Belgien« ohne Brüsseler.
In der unmittelbaren Nähe der rue des Bouchers
schwingen die touristischen »Chefköche« den Kochlöffel.

Die Petite rue des Bouchers ist eine charmante und dezente Gasse mit vielen Speiselokalen. Sie bietet einen verlockenden Anblick und scheint aus einer anderen Zeit und einer anderen Welt zu stammen.

Auch gibt es manche Speisegaststätten mit »Asperges à la flamande«. Dies ist an sich zwar keine typische Brüsseler Spezialität; es sei aber daran erinnert, daß Brüssel ursprünglich eine flämische Stadt war.

Auch das »Witlof« oder der Chicorée, dessen Ruf sich sogar bis in die besseren New Yorker Restaurants verbreitet hat, kommt aus der unmittelbaren Nähe von Brüssel. Man ißt es als Salat, zusammen mit Pommes frites, oder auch gebacken mit einem Würfel-zucker aus Tienen.

An Speiselokalen fehlt es in der Hauptstadt Europas bestimmt nicht. Wahrscheinlich hat Brüssel das dichteste Netz von Restaurants auf der ganzen Welt. Mit Sicherheit kennzeichnet sich diese Stadt aber durch die größte Variation verschiedenster Küchen, von der heimischen bis zur sehr exotischen Küche. Es kann einem tatsächlich keine Nationalität oder keine ethnische Minderheit einfallen, da sitzt diese schon in irgendeinem Lokal in irgendeiner Ecke der Hauptstadt und bereitet in einer kleinen Küche im Hinterhaus irgendwelche Speisen zu.

Zu dem jeden Sonntag im Brüsseler Südviertel stattfindenden Markt kommen Gastronomen aus nah und fern. Allein schon das Angebot an Oliven ist hier größer als in Italien, und um die Buden mit Gewürzen und Würzkräutern herum verbreitet sich ein großer exotischer »Blend« von Gerüchen aus Afrika, Kleinasien und dem Fernen Osten.

Was Sie im Antwerpener Zoo sehen, werden Sie höchstwahrscheinlich auch wohl in irgendeinem Brüsseler Restaurant essen können: Antilope, neugeborene Affen, Schlange, Giraffe… Und wenn Sie eher eine Mahlzeit mit Blumen bevorzugen, lassen Sie dann doch das Gesteck auf dem Tisch stehen und gehen Sie in ein Restaurant, wo man Blumen serviert. Es ist vielleicht etwas snobistisch, aber manche sind wirklich wild darauf.

Es ist also wahrhaftig für jeden Geschmack etwas da. Wer aber die burgundische Küche Brüssels wirklich genießen möchte und dies außerdem zu einem bescheidenen Preis, dem sind solche Restaurants zu empfehlen wie z.B. »Chez Jean« in der rue des Chapeliers in der Nähe des Grand-Place. Der Besucher bemerkt gleich, was wir meinen: häuslich, ohne allen Firlefanz, wohl aber mit einem vorzüglich gedeckten Tisch und einer kräftigen burgundischen Mahlzeit nach bewährtem Brauch, aus einer gutbürgerlichen Brüsseler Küche. Es kann vorkommen, daß man dort, vor einem stattlichen Stück Fleisch sitzend, an einem ganz normalen Wochentag am Tisch nebenan der Brüsseler Bürgermeister und am Tisch gegenüber einem königlichen Juwelier trifft.

Aber es kann auch schick organisiert werden. Zum Beispiel in »Le Cygne« am Grand-Place, wo sich einst Victor Hugo und Marx herumtrieben und wo die »Parti Ouvrier Belge«, d.h. die belgische Arbeiterpartei, gegründet wurde.

Einen auserlesenen Charakter hat selbstverständlich das unübertreffliche »Comme chez Soi« am Place Rouppe. Die Innenausstattung in Jugendstil ist eine Augenweide, und die »Mousses« des Chefkochs Pierre Wynants sollen in der ganzen Welt renommiert sein. Staatsoberhäupter ließen ihn dann und wann schon mal mit seinem Gefolge von Küchenchefs, Töpfen und Pfannen einfliegen, damit er bei ihnen zu Hause etwas Herrliches zubereiten konnte. Denn trotz allem bleibt es nach wie vor billiger, wenn man zu Hause essen kann, oder?

Und für diejenigen, die es nicht so teuer haben können bzw. wollen, gibt es noch die Pommes frites-Buden. Auch die lohnen sich!

DER BURGUNDER UNTER DEN BIEREN

Obwohl in Brüssel bestimmt kein Wein angebaut wird, werden in den Brüsseler Restaurants beträchtliche Mengen Wein getrunken.

Zar Peter der Große konnte dies schon vor einigen Jahrhunderten am eigenen Leibe erfahren. Als er nachts von einem Trinkgelage in Brüssel nach Hause ging, hatte er sich noch schnell eine Karaffe »für unterwegs« mitgenommen. Im Brüsseler Park, gerade vor dem herzoglichen Palast, fiel er in einen Springbrunnen, wo man ihn am nächsten Morgen fand. Da sich der adlige Wein mit dem Wasser des Springbrunnens vermischt hatte, wurde dieses Wasser später von dem »Zaren aller Russen« in den Adelsstand erhoben.

Es wird in Brüssel aber auch mit Bier großzügig getafelt. Und Bier eignet sich für jede Gelegenheit: Wenn man einen Kater loswerden möchte, beim Essen, zwischendurch auf einer Terrasse oder auch während der Mittagspause. Auf diese Weise wird schon manches Bier an den Mann gebracht, und die ganze Nacht wird durchgezecht, bei einer unvorstellbar großen Auswahl an Biersorten und -marken. Darunter nimmt der typische Brüsseler Gerstensaft einen nicht unbedeutenden Platz ein.

Obgleich die Hauptstadt zur Zeit noch zwei Bier- und Brauereimuseen zählt, finden sich in der Stadtlandschaft nicht mehr viele Brauereien oder Brauhäuser. Trotzdem empfiehlt sich ein Besuch (mit zugehöriger Kostprobe) des »Brauerei-Museums« am Grand-Place oder des »Brüsseler Geuze-Museums« in der rue

«A la Mort Subite», so heißt das authentischste Brüsseler Bierlokal, in der Nähe der St.-Michaels-Kathedrale.

«Falstaff», ein Lokal, wo Sie mal ein Lambic, ein typisches Brüsseler Bier, oder ein Geuze, ein Faro oder ein Kriek trinken sollten.

Auch heute noch kaufen sich die Brüsseler jeden Tag beim Bäcker ein »hausgemachtes Brot«, wie in dieser modernen Bäckerei in der rue Dansaert, die irgendwie durch ihren »Trendy-Look« auffällt.

Das aus Weizen, gemälzter Gerste und Hopfen gebraute Getränk nennt man Lambic, zugleich eine Mischung verschiedener Alterungsstufen. Aus dem Lambic wird Geuze gemacht, das »Burgunder unter den Bieren« und »unser Champagner«. Faro ist dann seinerseits wieder Lambic mit Kandiszucker, hat einen jungen Geschmack und duftet fruchtig. Die Sauerkirschen aus Schaerbeek, einem von den neunzehn Brüsseler »Kurfürstentümern«, werden ab Ende Juli ein halbes Jahr lang in Lambic eingeweicht, bis sie sich vollständig aufgelöst haben. Daraus entsteht Kriek. Wenn man schließlich statt Sauerkirschen Himbeeren verwendet, erhält man Himbeerkriek.

Innerhalb der Brüsseler Stadtmauern gelten ein paar Heiligtümer des lokalen Gerstensafts als wahre Tempel. »A la Mort Subite« am Montagne aux Herbes Potagères ist ein absolutes »Muß«. Dort serviert man das Brüsseler Bier zusammen mit dem ebenfalls sehr typischen Brüsseler Käse, der gemeinhin wegen seines atembenehmenden Geruchs auch als »Stinkerkeis« (»Stinkkäse«) bezeichnet wird. Man sollte ihn aber kosten, wenn er am besten schmeckt, d.h., wenn er schon anfängt, schlecht zu werden. Nicht zu verachten ist auch ein Bauernbrot mit Weichkäse, der aus dem Brabanter Land stammt, oder auch mit einer Mischung der beiden genannten Käsesorten, belegt mit Silberzwiebeln und Radieschen.

Nicht nur zu diesem Etablissement kamen fast alle belgischen Könige, um ihr Geuze zu trinken, auch zum »Deux Bécasses« in der rue de Tabora, wo man Ähnliches serviert bekommt.

Schließlich findet der Besucher auch in der Gasse aux Cadeaux und in der Gasse Saint Nicolas eine Menge alte und gemütliche Kneipen mit lokalen Biersorten.

Gheude 56 als ein in jeder Hinsicht interessantes Erlebnis.

Selbstverständlich läßt sich jeder richtige Besucher dieser Stadt dazu verlocken, wenigstens doch einmal den lokalen Gerstensaft wie z.B. Geuze, Faro, Himbeerbier, Kriek und Lambic zu kosten.

Und wenn das Brot alle ist,
dann ißt man in Brüssel Butterkeks.
»Dandoy« ist einfach hervorragend
und das weitaus schönste
Keksgeschäft der Hauptstadt,...
in der rue au Beurre natürlich !
»Pain à la grecque« ist übrigens
nicht etwa eine griechische
Spezialität, sondern wurde
ursprünglich gebacken vom Bäcker
an der »Grecht« (Brüsseler Platt
für »Gracht«, d.h. »Graben«).
Auch Spekulatius soll eine
Brüsseler Erfindung sein !

Pralinen aus Brüssel werden über
die Ozeane geflogen und in anderen
Kontinenten sogar stückweise
verkauft... In Brüssel ißt man
ganze Kilos. Bei Wittamer findet
man auch das herrlichste Gebäck
der Hauptstadt.

MEIN KÖNIGREICH FÜR EINE PRALINE

Wer an Sankt Nikolaus denkt, der denkt auch gleich an Schokolade. Und daran fehlt es in Brüssel bestimmt nicht. Man kann kaum in einer Straße herumspazieren, da gerät man gleich in Versuchung, eines der herrlich duftenden Pralinengeschäfte zu betreten. Überall steht einem ein sonstwo in der Welt nie gesehenes Angebot zur Verfügung.

Auf der anderen Seite des Ozeans verkauft man diese exquisiten Herrlichkeiten sogar stückweise, so sehr gelten sie als Kostbarkeit und Delikatesse. »Godiva« wird in einem Atemzug genannt mit guten Weinmarken, mit Champagner und Kaviar.

Hervorragend ist aber auch das bereits im neunzehnten Jahrhundert gegründete Pralinengeschäft »Neuhaus«, in der Galerie der Königin. Für die Feinschmecker lohnt sich der Umweg ganz bestimmt. Ein umfangreiches Angebot an weißen Pralinen bietet »Corné Toison d'Or«. »Mary« in der Königsstraße ist Hoflieferant, während »Leonidas« von breiten Schichten der Bevölkerung in Massen verschlungen wird, andererseits aber auch in den feinsten Warenhäusern anderswo in Europa reißenden Absatz findet. Auch bei den eher für den Alltag bestimmten Schokoladentafeln von »Côte d'Or«, ebenfalls in einem reichhaltigen Angebot vorhanden und erkennbar an dem eingeprägten Elefanten, vergessen viele schon mal die arme Leber und ihre Abmagerungskur.

Eisdielen haben das Herz der Brüsseler nie erweichen können. Für gute Konditoreien wie z.B. »Wittamer« am Sablon machen sie aber gerne einen Umweg.

Und in welcher Straße könnten die Keks besser schmecken als in der rue du Beurre bzw. Butterstraße? Dort befindet sich schon seit 1696 das Haus »De Peerle« und werden seit 1858 von den Keksspezialisten Dandoy die besten Butterkeks gebacken. Einen hervorragenden Ruf genießt auch das »Pain à la grecque«, das an sich nichts mit den Griechen zu tun hat, sondern vielmehr mit einem Bäcker von der »Gracht« oder von der »grecht«, wie es in der Brüsseler Mundart heißt. Vor dem Schaufenster dieser Feinbäckerei steht man voller Bewunderung für die vielen Figuren aus Spekulatius, der ebenfalls eine Brüsseler Erfindung sein soll.

Die Wiege des Spekulatius soll etwas weiter, in der rue de la Montagne gestanden haben, und die Bezeichnung »Spekulatius« soll abgeleitet sein aus dem Namen des Bäckers, Van den Spiegel, was auf lateinisch »de speculo« heißt. Von »speculo« zu »speculaas« bzw. Spekulatius ist schließlich nur ein kleiner Schritt!

Brüssel hat in der ganzen Welt seinesgleichen nicht, wenn es darauf ankommt zu tafeln, zu trinken oder zu naschen. In der Hinsicht ist diese Brabanter Stadt bestimmt mehr als einen Besuch wert.

Der Name dürfte in diesem Fall wohl bezeichnend sein, denn offenbar hat eine »Godiva«-Praline sowohl etwas von einem »Gott« wie auch von einer »Diva«.

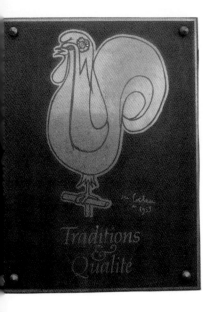

*Das Schild am Eingang
des Spitzenrestaurants
»Comme chez Soi«,
am Place Rouppe.
Mit einer Zeichnung von Cocteau.*

*Das »Comme chez Soi« mit Chefkoch Pierre Wynants gehört
zu den besten Restaurants in Belgien und auch in der Welt.
Am besten reserviert man dort schon mehrere Wochen im voraus.*

*Über das Kopfsteinpflaster —
»Kinderköpfe«, wie man das in
Brüssel nennt — rollende Kutschen
vervollständigen noch das Bild aus
alten Zeiten.*

Der schönste Marktplatz auf dieser Erde. Darüber besteht kein Zweifel.
Schon gar nicht, wenn dort alljährlich der Blumenteppich aus Genter Begonien entfaltet wird.

Der schönste Platz der Welt

Marktplätze haben schon immer in der Geschichte der europäischen Städte eine wichtige Rolle gespielt, sicherlich wenn diese Plätze eine solche zentrale Lage hatten wie z.B. der Brüsseler Grand-Place.

Am Anfang war dies eine zwischen zwei Bächen gelegene Sandbank, auf der im zehnten Jahrhundert auf dem trockengelegten Sumpfboden der »Niedermerct« angelegt wurde. Anfangs, d.h. noch im elften Jahrhundert, lag dieser Markt außerhalb des Festungswalls des »Castrum von Sankt Goriks«, wo die Wiege von Brüssel stand. Zwei wichtige Handelsstraßen kreuzten sich in Brüssel: einerseits die Handelsstraße, die von Frankreich zum Rheinland führte, andererseits die Handelsverbindung zwischen Brabant und Holland.

Der Markt hat nicht immer so geordnet und strukturiert ausgesehen wie heute. Es sollte noch bis zum vierzehnten Jahrhundert dauern, bevor etwas Ordnung geschaffen werden konnte. Zuvor standen dort Holzhäuser, umgeben von einigen Gärten. Das Ganze hatte ein wenigstens nach den heutigen Normen relativ ländliches Aussehen.

Die Bedeutung des Brüsseler Grand-Place gilt als unbestritten. Hier kommen die Staatsoberhäupter und die Großen der Welt vorbei und können vom Balkon des Rathauses diesen faszinierenden Platz überschauen. Hier wurden Herzöge, Prinzen, Landvögte, Könige, Kaiser, Päpste und Sporthelden vom Volk begrüßt, hier wurde ihnen gehuldigt. In einem dieser Häuser lebte Victor Hugo, an einer anderen Stelle wurde die »Parti Ouvrier Belge«, d.h. die belgische Arbeiterpartei, gegründet und hielt Karl Marx Vorträge über »Das Kapital«.

Aber der Grand-Place war auch der Schauplatz historischer Hinrichtungen und wandalischer »Schlachten«.

Ein glänzendes Bild bietet dieser Platz, wenn der »Ommegang«, ein seit dem sechzehnten Jahrhundert alljährlich stattfindender Aufzug, über das Straßenpflaster zieht und wenn im Dezember ein richtiges Bauernhaus aus dem Kempenland an dieser Stelle als Weihnachtskrippe aufgebaut wird. In dem Augenblick atmet der Platz zugleich eine großartige und erhebende Atmosphäre.

Trotzdem, der Grand-Place ist am allerschönsten, wenn jeden Tag immer wieder — ausgenommen am Montag — dort die Blumenverkäufer stehen, unter ihren rot-grünen, die Farben der Stadt tragenden Sonnenschirmen.

Der schönste Platz auf dieser Erde ist also zweifelsohne der Grand-Place im Herzen Brüssels. Zusammen mit Manneken Pis und dem Atomium ist dieser Platz für den Besucher ein absolutes Muß. Die Brüsseler selbst sprechen meistens über »den schönsten Platz der Welt«. Und das stimmt auf jeden Fall.

Der Grand-Place von Brüssel bildet tatsächlich ein merkwürdiges Ganzes eleganter Giebel, die noch immer die Macht und den Reichtum der Zünfte ausstrahlen.

Oft hört man bei Stadtführungen, es handele sich hier alles um mittelalterliche Gebäude. Abgesehen von dem gotischen Rathaus stammt der ganze Grand-Place aber in Wirklichkeit aus dem Ende des siebzehnten Jahrhunderts. Im Jahre 1695 wurde nämlich die Stadt vom Feldmarschall de Villeroy im Auftrag des französischen Sonnenkönigs Ludwigs XIV. beschossen. Ein 60.000 Mann starkes Heer bombardierte zwei Tage lang das Zentrum der Stadt. Dabei wurden Tausende von Häusern in Schutt und Asche gelegt, während auf dem Grand-Place fast alles zerstört wurde.

In weniger als fünf Jahren gelang es aber den Bürgern und Zünften, ihren Marktplatz wiederaufzubauen, prachtvoller und beeindruckender denn je zuvor. Brüssel hatte denn auch schon zur Zeit der Aufklärung einen glanzvollen zentralen Marktplatz, der auch nachher in der ganzen Welt ohnegleichen bleiben sollte.

Heute kann sich wohl kaum ein Brüsseler vorstellen, daß es je gelingen sollte, in Zukunft noch ein so homogenes und zugleich sehr abwechslungsreiches Ganzes wie den Grand-Place zu bauen.

Nach Vollendung des Marktplatzes mit seinen hervorragenden Zunfthäusern, als das Ganze in voller Pracht glänzte wie nie zuvor, setzte der Verfall der Zünfte, die allmählich an Macht und Einfluß verloren, endgültig ein. Daß die Giebel aus jener Zeit jetzt noch immer da stehen, darf ohne weiteres als ein Wunder betrachtet werden, denn mit der Unabhängigkeit Belgiens gab es nicht wenig Hauseigentümer auf dem Grand-Place, die unbedingt ihre Gebäude modernisieren wollten.

Links
Der französische Sonnenkönig,
Ludwig XIV., ließ 1695 bei einer
Vergeltungsaktion die Stadt und
den Marktplatz dem Erdboden
gleichmachen. Kaum fünf Jahre
später, noch vor der
Jahrhundertwende im Jahre 1700,
glänzte und strahlte der Brüsseler
Grand-Place stärker als die Sonne.
Sogar der rachsüchtige französische
König besaß nicht einmal einen
solchen Platz. Der Wiederaufbau
der Zunfthäuser läutete aber auch
das Ende der Macht der Zünfte und
der Handwerkerstände ein !

Unten
Um die frühere Schönheit und
Pracht dieser Fassade der einst so
mächtigen »Herzöge von Brabant«
wiederherzustellen, konnte nicht
genug Gold da sein.
Mehr als 40.000 Blättchen dieses
Edelmetalls wurden mit
Engelsgeduld und sehr gekonnt auf
die Fassade aufgeklebt und
verrieben.

SPAZIERGANG AN DEN FASSADEN VORBEI

Das Brüsseler Rathaus gehört zu den schönsten gotischen Bauwerken in Europa. Der Grundstein wurde am 4. März 1444 gelegt, im Jahre 1451 wurde der Bau vollendet. Der Name des Architekten ist unbekannt, der Baumeister des spitzen Rathausturms war Jan Van Ruysbroeck. Es dauerte von 1449 bis 1455, bis die Spitzenarbeit aus Stein fertiggestellt war.

Die Spitze krönt eine Statue des Erzengels Michael, der zugleich als Wetterfahne dient, während er den teuflischen Drachen besiegt.

Auf dem Grand-Place befinden sich viele Zunfthäuser.
Rechts vom Rathaus zunächst De Vos (Der Fuchs), daneben De Hoorn (Das Horn), De Wolvin (Die Wölfin), De Zak (Der Sack), De Kruiwagen (Der Schubkarren), Den Coninck van Spagnien (Der König von Spanien), Den Ezel (Der Esel), Sinte-Barbara (Die Heilige Barbara), Den Eyck (Die Eiche), De Kleine Vos (Der Kleine Fuchs), De Pauw (Der Pfau), Den Helm (Der Helm), Het Broodhuis (Das Brothaus), De Kroon (Die Krone), De Duif (Die Taube), Het Cleermaekershuys (Das Haus der Kleidermacher), Den Engel (Der Engel), Jozef en Anna (Joseph und Anna), Den Hert (Der Hirsch), De Wage (Die Waage). Dann kommt das Haus der Herzöge von Brabant, das aus einer sechs Gebäude umfassenden Häusergruppe besteht: De Borse (Die Börse),

Ein schönes Schauspiel, diese spontanen Ausdrucksformen der Kleinkunst in den Straßen und auf den Plätzen Brüssels, auch wenn es sich nur um »Kunst mit kleinem k« handelt.

De Heuvel (Der Hügel),
De Tinnen Pot (Der Zinnerne
Topf), De Windmolen
(Die Windmühle), De Fortuyne
(Das Schicksal), De Cluyse
(Die Klause) und De Faem
(Der Gute Ruf).

Daneben stehen noch
De Koning van Beieren
(Der König von Bayern),
De Bergh Tabor (Der Berg Tabor),
De Roos (Die Rose),
De Gulden Boom (Der Goldene
Baum), De Zwaan (Der Schwan)
und De Ster (Der Stern).

**DER GRAND-PLACE UND DIE
MAGISCHE »7«**

Auf den Grand-Place münden
sieben Straßen, und es soll sogar
einst sieben geheime Eingangstore
gegeben haben. Sieben verschiedene
Marktplätze haben sich hier im
Laufe der Jahrhunderte abgelöst.
Sieben Zunfthäuser tragen einen
Tiernamen. Im Rathaus hatten im
Mittelalter sieben Schöffen ihren
Sitz. Damals wurden dort auch die
Urkunden im »Boec metden seven
slote« aufbewahrt. Jeden Freitag
waren im Rathaus sieben
Musikanten tätig. Auf der Fassade
des »Königs von Spanien« stehen
sieben allegorische Figuren.

Als auf dem Grand-Place noch
ein Springbrunnen stand, war dies
einer von den sieben Plätzen in
Brüssel, die ein Wasserbecken und
Wasserspeier hatten.

*Die Brüsseler Börse wurde einst
gebaut, damit dem Vertrauen des
neuen Bürgertums und der
energischen Tatkraft des jungen
belgischen Staates Ausdruck
verliehen wurde. Unter anderem
Rodin hat an den Fresken und den
Figurengruppen mitgearbeitet.*

*Folgende Seiten
Reisende und Touristen
verschlingen die Größe und die
Geschichte des Grand-Places
sozusagen mit den Augen und mit
ihren Kameras. Einheimische
erzählen sich inzwischen ihre
Geschichten des Alltags, als ob die
Jahrhunderte nichts verändert
hätten.*

Die Kultur »mit großem K« findet man in der Königlichen Akademie.
Trotz dieser anmutigen ungenierten Pose eines Jünglings im Vorgarten der Akademie gibt sich die
»alte Dame« der »Schönen Künste, Literatur und Wissenschaften« nicht leicht eine Blöße.

Wer im Herzen von Brüssel herumspaziert, bemerkt gleich, daß diese Stadt eine sehr reiche kulturelle Vergangenheit hat. Es residierten einst dort am Coudenberg die Herzöge von Burgund, damals der reichste Hof Europas, wenn nicht der ganzen Welt. Künstler hatten da in einem prachtvollen und komfortablen Palast einen selten gesehenen Luxus zusammengebracht und eine glänzende Kunstsammlung ausgebaut.

Eigentlich fehlte es Brüssel nie wirklich an Herrschern, Fürsten und Unterdrückern, die über ausreichende Mittel verfügten, damit sie sich mit Gruppen von Künstlern umgeben konnten. Auch von den Bürgern und ihrer Stadtverwaltung bekamen die vielen in Brüssel arbeitenden großen Meister, die sich bereits zu jener Zeit bis weit über die Grenzen hinaus einen sehr großen Ruf erworben hatten und deren Meisterwerke jetzt die Wände vieler großer internationaler Kunstsammlungen und Museen schmücken, viele Aufträge.

Pieter Breughel der Ältere und die ganze Dynastie der nach ihm kommenden Maler, darunter das angeheiratete Geschlecht Teniers sowie der überaus anerkennenswerte Rogier Van der Weyden, hängen an den teuersten »Cimaises« in der Welt. Sie lebten und arbeiteten in Brüssel, und es gab deren noch sehr viele mehr!

Wie so viele Großstädte kennzeichnet sich Brüssel durch ein kulturelles Leben mit zwei Geschwindigkeiten. Es gibt einerseits die »Kultur mit großem K« und andererseits die »kultur mit kleinem k«, und diese beiden Kulturszenen koexistieren friedlich nebeneinander, als ob dies nie anders gewesen wäre.

DIE OPER
... DIE OPER!

Im Mittelpunkt des Interesses, vor allem in den letzten Jahren, steht die Brüsseler Oper, meistens bekannt unter dem Namen »La Monnaie« (Die Münze) oder »Le Théâtre de la Monnaie« (Das Münztheater), weil früher an dieser Stelle am Münzplatz für das eigene Land und für fremde Herrscher Geldstücke und Münzen geprägt wurden.

Damals, im Jahre 1830, brach in diesem Operngebäude die Belgische Revolution aus. Böse Zungen behaupten, daß gerade zu dem Zeitpunkt eine sehr schlechte Aufführung der Oper »Die Stumme von Portici« stattfand, bei der so falsch gesungen wurde, daß die Brüsseler Bourgeosie böse auf die Straße stürmte, die Lunte ans Pulverfaß legte und in einer nicht mißzuverstehenden und legendarischen »Spanischen Furie« die holländischen Besatzer herauswarf. Die Unmut über eine schlechte Oper soll der Anlaß zur Unabhängigkeit der Nation gewesen sein. Ist das keine schöne Geschichte?

Seitdem ist es mit den Brüsseler Opernproduktionen ein paarmal bergauf und bergab gegangen. Besonders in den letzten Jahren hat sich die Münze in kurzer Zeit zu einem der tonangebenden Opernhäuser der Welt entwickelt. Sogar aus Paris kommen Züge voll mit begeisterten Zuschauer zur Brüsseler Oper!

Oben
Kultur ist manchmal wie ein
Glaskasten, so wie in diesen reizend
aussehenden Treibhäusern im Park
des Botanischen Gartens.

Rechts
Die unwahrscheinlich beliebte
Fußballkultur ist aus Brüssel
einfach nicht wegzudenken. Hinter
dieser Tribünenfassade befindet
sich der Heyselstadion, berühmt
wegen mancher legendarischer
Fußballspiele und berüchtigt wegen
des tragischen Heyseldramas.

Belgische Künstler haben sich im Laufe der Jahrhunderte überall auf der Welt einen sehr großen Ruf erworben.

Inmitten von Antiquitäten auf dem jede Woche stattfindenden Markt am Sablon singt dieser Barde sein Lied. Sogar Hunde mit einem geübten Ohr machen kurz mal halt.

Brüssel zählt etwa hundert Museen.
Viele dieser Museen führen ein
Dasein im verborgenen. Hinter
dieser Fassade mit bescheidenem
Aushängeschild befindet sich das
Kostüm- und Spitzenmuseum, das
eine reichhaltige Sammlung von
Kostümen und Spitzen besitzt.

Der goldene »Genius der Schönen
Künste« ist nicht nur Brüssels
gescheiteste Windfahne, sondern
spielt auch mit kräftigem
Flügelschlag die Rolle eines
Schutzengels der Kunstschätze im
»Museum für Alte Kunst«.

An großartigen Kunstsammlungen fehlt es in Brüssel nicht. Diese Sammlungen, in denen Berge wertvoller Gegenstände aus unserem kulturellen Erbe aufbewahrt werden, finden sich über mehr als hundert Museen verstreut. Viele dieser Museen sind zwar relativ klein, sie sind deswegen aber nicht weniger interessant. Wer sie alle im Laufe eines einzigen Jahres besuchen möchte, der wird durchschnittlich dreimal pro Woche ins Museum gehen müssen. Die gebotene Vielfalt ist besonders groß, und viele dieser Sammlungen sind außerdem von außergewöhnlicher Bedeutung.

So bietet beispielsweise die *Bibliotheca Wittockiana* eine besonders auserlesene Sammlung in einem hervorragenden architektonischen Rahmen. Diese einzigartige Privatsammlung alter Buchbände zieht Bibliophile aus allen Himmelsrichtungen an.

Etwas Besonderes bietet auch das *David und Alice Van Buuren-Museum*, ein traumhaft schönes Wohnhaus in Art Déco, wo Werke klassischer Meister mit dem für die Zwischenkriegszeit typischen Baustil inmitten von acht verschiedenen Gärten versöhnt werden.

Das *Museum des Herzens — Boyadjian* umgeben wir wie ein Kleinod mit liebevoller Fürsorge, während die sehr elegante und zugleich farbenfreudige Architektur des *Museums für Comic Strips* unser Kinderherz wieder höher schlagen läßt. Und wer alles über die Geschichte Brüssels erfahren möchte, der bekommt eine Antwort auf all seine Fragen im zweiten Stock des Städtischen Museums im *Broodhuis*.

Selbstverständlich zeigt das *Museum für Alte Kunst* neben Gemälden solcher bekannten Meister wie Breughel, Rubens, Van Dyck und Teniers weitere sehr angesehene Gemäldesammlungen, darunter die durch ihre Genauigkeit unübertroffenen Meisterwerke der Flämischen Primitiven.

Auch die Schule aus der Zeit um die Jahrhundertwende wird die Kunstliebhaber zu bezaubern wissen. Wen beeindruckt übrigens nicht die Urkraft, die aus manchen Kunstwerken der Flämischen Expressionisten hervorgeht?

Das erste und einzige Museum für Comic Strips in der Welt befindet sich im ehemaligen Warenhaus Waucquez, das von Victor Horta entworfen wurde.

Belgien ist das Zentrum der neunten Kunst, der Comic Strips.
In diesem Museum für Comic Strips darf die Mondrakete von Tintin, die von Hergé gezeichnet wurde,
natürlich nicht fehlen.

DIE LÄNGSTE KIRMES

Wenn man annimmt, daß die auf den Gemälden von Breughel dargestellten Szenen der damaligen Wirklichkeit entsprechen, dann gab es in der guten Brabanter Stadt wohl immer einen Anlaß zum Feiern. Jede sich dazu bietende Gelegenheit wurde ausgenutzt, eine Feier oder ein Trinkgelage zu organisieren. Dabei wurde getanzt und gefuttert und ging es manchmal hoch her. Es fehlte nur wenig, und es hätte in einer bestimmten Periode der Geschichte der Hauptstadt mehr Feiertage als Arbeitstage gegeben. Dem wurde später unter anderem von den österreichischen Herrschern endgültig ein Ende gesetzt, als diese hierzulande nicht nur das Zepter führten, sondern zu gleicher Zeit auch alle volkstümlichen Festlichkeiten reglementierten.

Trotz der von den Österreichern eingeführten Beschränkungen fehlt es in den verschiedenen Stadtvierteln inzwischen noch immer nicht an Kirmessen und Feierlichkeiten. Das größte Fest des Jahres ist aber nach wie vor die sechs Wochen dauernde *Kirmes des Südviertels*, die jährliche Kirmes. Man hält es kaum für möglich, was da alles an teuren Kirmesmaschinen zu sehen ist. Diese Kirmes, die insgesamt mehr als zwei Kilometer an Attraktionen, unbedeutend kleinen, aber auch riesig großen, zu bieten hat, gilt als die längste der ganzen Welt.

GRÖSSTE BUCHMESSE UND GRÖSSTES KINO

Die jedes Jahr stattfindende *Internationale Brüsseler Buchmesse* ist die größte für das breite Publikum zugängliche Buchmesse der Welt. Selbst wenn man die nur für Fachleute organisierte Frankfurter Buchmesse in den Vergleich einbezieht, steht die Brüsseler Buchmesse weltweit noch immer auf dem zweiten Platz. Im Grunde bietet dieses jährlich im März stattfindende Bücherfest überhaupt das größte Angebot an Werken aus dem romanischen Sprachraum.

Brüssel ist nicht Hollywood, aber trotzdem befindet sich in dieser Stadt der größte Kinokomplex der

Erde. In *Kinepolis* auf dem Heysel laufen nicht weniger als 26 Filme gleichzeitig. Ein gewaltiges Angebot.

Das Ganze war von Anfang an ein Riesenerfolg und hatte denn auch zur Folge, daß noch 1990 im Stadtzentrum allmählich ein Kino nach dem anderen schließen mußte. Damit folgten sie dem traurigen Vorbild verschiedener Theater im Zentrum der Hauptstadt. Dies ist um so bedauerlicher, als dadurch im kulturellen Bereich im Herzen Brüssels nicht mehr viel geboten wird.

DER »OMMEGANG«

Wenn heutzutage Umzüge durch Brüssel ziehen, haben die meisten weniger mit irgendwelchen volkstümlichen Bräuchen zu tun, sondern vielmehr mit jener anderen althergebrachten Gewohnheit, auf die Straße zu gehen und zu demonstrieren, sobald man nicht mehr weiß, wie es weitergehen soll, oder wenn das Unbehagen irgendwie zu groß wird.

Die murrenden Einwohner Brüssels — denn auch das kommt schon mal vor — können aber auch auf die Straße kommen, um ihrer ruhmreichen Geschichte Gestalt zu geben und Mitbürger, Reisende und Touristen daran zu erinnern, daß Brüssel eine stolze Stadt ist, die außerdem auf eine tausendjährige Geschichte zurückblickt.

Dieser Ruhm und Glanz von damals wird beispielsweise evoziert im jährlichen *Ommegang*, der Anfang Juli bei gutem oder bei schlechtem Wetter durch die Straßen von Brüssel zieht und dessen Apotheose auf dem Grand-Place stattfindet. Dort zieht das Spektakel vorbei an der

Tribüne, auf der die echten Adligen der höheren Klasse und alles, was Rang und Namen hat, Platz genommen haben. Da dieser historische Umzug auch ein Kassenerfolg ist, wird er sogar zweimal in einer Woche abgehalten.

Der Brauch geht bis 1348 zurück, als das wundertätige Marienbild »O.L.V. op 't Stoksken« auf einem Boot in Brüssel ankam. Seitdem wird es in der Sablon-Kirche verehrt. Es war eine gewisse

Beatrijs Soetkens, die das Bild im Auftrag einiger geheimnisvoller Stimmen in Antwerpen entführt hatte. Den Antwerpenern, die künftig auf ihr wundertätiges Bild verzichten sollten, versprachen die Brüsseler feierlich und auf ihr Ehrenwort, daß sie die Statuette jedes Jahr in einer Prozession durch die Straßen ihrer Stadt herumtragen würden. So geschah dies, und so geschieht es jetzt noch immer.

Filmstudios gibt es in Brüssel keine, wohl aber den größten Kinokomplex der Welt.

Das Museum für Naturwissenschaften in der rue Vautier besitzt unter anderem eine einmalige Sammlung Iguanodons.

Im Weltpalast des Automobils, kurz Autoworld, sind die schönsten Autos aus Deutschland, Italien, Frankreich und vor allem Amerika zu sehen.

Rechts
Die gläsernen Treibhäuser des Botanischen Gartens in der Rue Royale wurden 1826 gebaut.

Sehr beliebt ist der alltägliche Flohmarkt am Place du jeu de Balle, mitten in den Marollen, einem Volksviertel.
Vor allem ein Besuch der Wochenendmärkte lohnt sich.

Rechts
Theater Toone ist nur eines der Marionettentheater in Brüssel. In einem kleinen finsteren Saal,
am Ende dieser typischen Gasse, sind es richtige Brüsseler Leute, die die Fäden fest in der Hand halten.

MARIONETTEN

Jahrhundertelang waren es Fremde, die in Brüssel alle Fäden fest in der Hand hielten. Offenbar waren die Brüsseler der Meinung, sie hätten auch mal das Recht dazu. Deshalb entwarfen sie Puppen, die sie mit Fäden und Drähten allerhand tun lassen konnten. Es sollten ja nicht immer dieselben sein! Möglicherweise ist daraus das Brüsseler Marionettentheater entstanden...

Dieses Genre war zu einem bestimmten Zeitpunkt etwas in Vergessenheit geraten. Ein paar typische Brüsseler Künstler sahen dies nur sehr ungern, und deshalb faßten sie den Entschluß, die schöne Kunst des Marionettenspiels vor dem Vergessen zu retten. Das ist ihnen auch gelungen, so daß Brüssel zur Zeit zwei renommierte Marionettentheater besitzt, wo übrigens die Marionetten auch noch andere Sprachen können als das »Brüsseler Platt«. Sie spielen z.B. auch auf deutsch oder auf englisch und sogar im neumodischen »Franglais«.

»Theater Toone« besteht jetzt schon seit sieben Generationen, und »Theater Perruchet« verfügt sogar über eine Marionettenakademie und ein *Internationales Marionettenmuseum*.

Anfang 1991 wurde gegenüber vom Manneken Pis noch eine neue Marionettenbühne, eine »Poesjenelle«, wie solche Marionettentheater schon mal im Volksmund genannt werden, eröffnet. Ein Theatergenre, das also offenbar eine zweite Jugend erlebt und außerdem auch internationale Kontakte herzustellen sucht, sogar nach Übersee. »Das Leiden Christi« und »Genoveva von Brabant« sind schon seit Jahren unübertroffene Kassenerfolge. Und wenn der französische Klaviervirtuose Pierre Volondat die Begleitmusik spielt, wird das »Tauziehen« im Marionettentheater erst richtig vom internationalem Niveau.

*Hinter der klassischen Fassade des Museums für Alte Kunst in der rue de la Régence
wird vor allem der Malerei viel Aufmerksamkeit gewidmet.
Rubens nimmt dort einen Ehrenplatz ein.*

»Unterirdische« Kunst in Brüssel

Das Museum für Moderne Kunst, ein mit gläsernen Wänden ausgestattetes, sechs Stockwerke tief unter dem Museumsplatz liegendes Bauwerk, besitzt eine hervorragende Sammlung Malerei der Moderne.

Sowohl belgische als auch ausländische Maler sind im Museum für Moderne Kunst gut vertreten.

In den letzten Jahren zeigt sich in Brüssel die etwas absonderliche Gewohnheit, den ganzen Kunst- und Kulturbesitz »unter der Erde« unterzubringen. Selbstverständlich steckt schon vieles in Museumskellern und unterirdisch aufbewahrten Kunstsammlungen, zu vieles, als daß man dies alles dem Besucher zeigen könnte. Aber das ist nicht der Punkt, auf den es uns ankommt. Gemeint ist vielmehr dasjenige, was unter anderem in Museen ausgestellt wird. Wir stellen sogar fest, daß es vor allem den unterirdischen Museen gut geht.

Dies gilt beispielsweise für das *Museum für Moderne Kunst*, das sechs Stockwerke tief unter dem Place du Musée liegt. Unter dem Place Royale, wo sich auch der Eingang dieses Museums befindet, wird bald schon wieder ein neues Museum unter dem Straßenpflaster untergebracht. Auf der gegenüberliegenden Seite, unter der Kirche von Saint-Jacques-sur-Coudenberg, wird ein neues religiöses Museum gebaut.

Auf dem Heysel wird ein gigantisches unterirdisches *Museum für Technologie und Wissenschaften* geplant, während das *Kanalisationsmuseum* — ein Musterbeispiel einer Museumsausstattung —, ganz wie es sein Name vermuten läßt, sich befindet unter der kleinen Ringstraßen, die sich wie ein Gürtel um die Hauptstadt schließen.

Neben der Börse, im Herzen der Stadt, wurde trotz vieler Proteste ein *Archäologisches Museum* unter dem Straßenpflaster gebaut. Das *Brauereimuseum* am Grand-Place befindet sich im Keller des Brauerhauses. Eine Sonderstellung nimmt gewissermaßen die Brüsseler

U-Bahn, die sogenannte *Metro*, ein. Dabei handelt es sich um das größte unterirdische *Museum für Zeitgenössische Belgische Kunst* des Landes, wenn nicht der ganzen Welt. Dutzende von U-Bahnhöfen wurden mit monumentalen Kunstwerken zeitgenössischer belgischer Künstler geschmückt. Es gibt manche unter ihnen, deren Werke in den renommiertesten

Museen für moderne Kunst weltweit zu sehen ist. Ein Besuch dieses Museums *Kunst in der U-Bahn* ist bestimmt zu empfehlen, kann aber — wenn der Besucher alles sehen möchte — wohl zwei Tage beanspruchen.

Und dann gibt es noch das *Museum für Archäologie der Begräbnisstätten,* das zwar nicht in unterirdischen Räumen

untergebracht ist, sich aber wohl damit beschäftigt. Es hat sich vertieft in das Studium der Städte der Toten, ein für eine eingehendere Untersuchung wohl sehr besonderes Thema. Genauso wie die Städte der Lebenden können auch Begräbnisstätten und Friedhöfe, nicht zuletzt in Brüssel, eine Fundgrube sein für diejenigen, die für Ausgrabungen, Archäologie

Oben
*Ein Haus der Kunst und Kultur, durch das man hindurchfahren kann, ist die Brüsseler U-Bahn,
das längste unterirdische Museum der Welt. Dutzende von U-Bahnhöfen, geschmückt mit Kunst in der Metro,
bilden ein weit ausgedehntes Museum für Zeitgenössische Belgische Kunst. Auf dem Bild: der U-Bahnhof
Stokkel, mit Helden aus den Tintin-Comic Strips von Hergé, einem kulturellen Exportprodukt ohnegleichen.*

Links
*Auch unter dem Place Royale und Saint-Jacques-sur-Coudenberg werden zwei brandneue Museen eingegraben
und ausgebaut. Unter der Kirche wird das neue Museum für Religiöse Kunst gebaut. Unter dem Place Royale
wird die rue Isabelle zum Teil ausgegraben sowie die Reste eines Palastsaales und die Kapelle Kaiser Karls.*

Oben links
Die Stätten der Toten, deren es in Brüssel so viele gibt, bilden die »unterirdische« Werkstatt des »Museums für Archäologie der Begräbnisstätten«.

Unten links
Die Galeriewelt der Hauptstadt floriert, denn Kunst ist in den Wohnzimmern wohlhabender Brüsseler und EG-Einwanderer sehr gefragt.

Oben
Die ganze Stadt ist ein ausgedehntes Freilichtmuseum, so z.B. mit dem schönen gotischen Rathaus.

Der moderne Teich am Fischmarkt,
im Hintergrund die Kirche Sainte-Cathérine.

und Kunstgeschichte eine Schwäche haben. Philologen, die sich ganz besonders für Grabinschriften interessieren, werden an den literarischen Aspekten dieses Thcmas ihre helle Freude haben, während der Soziologe aufgrund der hier vorhandenen Daten die damals vorhandenen sozialen Schichten erforschen kann. Wußten Sie übrigens, daß auf dem Brüsseler Friedhof von Laeken ein richtiger »Penseur« von Rodin schon seit eh und je auf einem Grabstein in Gedanken versunken ist ? Wahrscheinlich denkt er sich sein Teil dazu !

Also, Brüssel von unten aus und an der Unterseite gesehen !

*Im Schatten des »Finanzturms«,
dem Sitz der Finanzverwaltung,
regt sogar moderne Kunst zur
beschaulichen Stadtmeditation an.*

Oben
Schon ein kurzer Blick auf das
Rathaus genügt, damit man
erkennt, daß das Herz von Brüssel
eine architektonische Perle ist.

Rechts
Etwas außerhalb des Zentrums
bietet sich dem Besucher ein
manchmal etwas weniger schöner
Anblick dar. Aber auch das ist die
Hauptstadt Brüssel.

Brüssel: abreißen und aufbauen

Keiner wird es leugnen: Das Herz von Brüssel mit dem Grand-Place ist eine architektonische Perle. Leider findet man diese architektonischen Glanzstücke nicht überall in der Stadt. Mit Recht weisen Touristen, Reisende und Besucher darauf hin, man dürfe nicht allzu weit vom Zentrum weggehen, da sei es mit dem architektonischen Fest gleich zu Ende.

Und im Grunde stimmt das. Brüssel, so heißt es mit einiger Übertreibung, sei eine schöne Hauptstadt gewesen, und zwar die Hauptstadt »des häßlichsten Landes Europas«. Etwas parodierend wird mit Recht darauf hingewiesen, nach 1945 sei in Brüssel mehr zerstört worden als während des ganzen Zweiten Weltkriegs.

Anfang 1991 wurde das älteste in Brüssel noch bestehende Haus, das aus dem sechzehnten Jahrhundert stammte, trotz seiner historischen Bedeutung unbarmherzig abgerissen und geschleift.

An einigen Stellen kann man noch die Architektur der Zwischenkriegszeit und eine Reihe von Bauwerken aus den fünfziger Jahren genießen. Im übrigen haben die neumodische Architektur und die neue Stadtplanung für Brüssel unglückliche Folgen gehabt.

Dennoch stehen in der Brüsseler Region einige Juwele der Baukunst und verschiedene architektonische Meisterstücke, um die der Rest der Welt die Brüsseler beneidet.

Von der historischen Gotik ist nicht sehr viel übriggeblieben, abgesehen vom imposanten Rathaus mit seinem schlanken, spitzen Turm und der verherrlichenden Kathedrale Saint-Michel, die eigentlich ebenfalls St. Gudula geweiht ist. Es fehlt in Brüssel bestimmt nicht an Kirchen. Im übrigen ist Brüssel eine Stadt der »Fassaden«-Architekturen: meistens mit Leisten geschmückte Fassaden und sehr viel Neoklassizismus, dann und wann etwas Neogotik.

Der richtige architektonische Wert Brüssels zeigt sich in den zahlreichen Häusern und Bauwerken im Jugendstil. Leider wurden schon sehr viele dieser Gebäude dem Erdboden gleichgemacht, darunter sogar das international renommierte »Volkshuis«, der glanzreiche Arbeitertempel, den Baron Victor Horta für die sozialistische Bewegung baute.

Trotz allem werden noch eine Reihe prächtige Häuser in diesem Stil als letzte zarte Zeugen der ruhmreichen architektonischen Blüte, die am Ende des vorigen Jahrhunderts und zu Anfang dieses Jahrhunderts das Bild der besseren Straßen Brüssels bestimmte, mit liebevoller Fürsorge umgeben.

Was diese Stadt in städtebaulicher Hinsicht braucht, sind ein großer Stadtplaner, wie seinerzeit König Leopold II., und einige gute und bekannte Architekten, die in der künftigen Hauptstadt Europas anderen mit gutem Beispiel vorangehen können.

Bei ein paar Gebäuden lohnt es sich wirklich, einen Umweg zu machen, einige muß man einfach gesehen haben. So z.B. das »Horta-Haus«, wo einst der berühmte Art Nouveau-Architekt Horta lebte und arbeitete. Aber auch das »Haus Tassel« und das »Haus Solvay« sind großartig. Etwas Besonderes ist das »Haus Stoclet«, das im Grunde einen kleinen Palast inmitten der Stadt bildet und das Anfang dieses Jahrhunderts von dem großen Wiener Architekten Joseph Hoffmann gebaut wurde. Das Haus und seine Bewohnerin sind in verschiedener Hinsicht legendarisch.

Sollten Sie zufällig Ende April oder im Monat Mai in Brüssel sein, dann müssen Sie auf jeden Fall die Königlichen Treibhäuser besuchen, denn diese gläserne Stadt ist eine der schönsten architektonischen Schöpfungen, die man in Brüssel bewundern kann!

Oben
Der Königliche Palast am Place des
Palais, an einem der schönsten
Brüsseler Boulevards.

Rechts
Selten gibt neue Architektur in
Brüssel Anlaß zur Versöhnung.

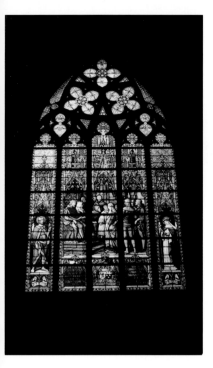

Glasfenster in der Kathedrale
Saint-Michel.

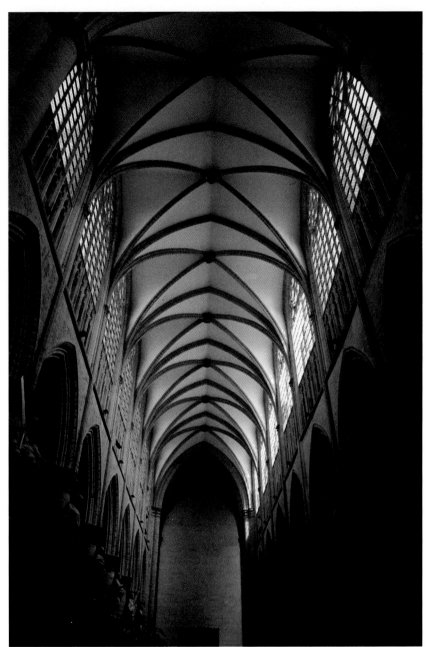

Das frühgotische Schiff der
Kathedrale.

Links
Die Kathedrale Saint-Michel, die
auch »Sainte-Gudule« genannt
wird, ist ein großartiges Zeugnis
historischer Gotik.

Karel Buls, hier sitzend vor seinem Springbrunnen, schenkte als Brüsseler Bürgermeister am Ende des vorigen Jahrhunderts dem architektonischen Erbe der Hauptstadt besonders viel Aufmerksamkeit.

König Leopold II. schenkte Belgien nicht nur eine Kolonie. Ihm verdankt Brüssel auch sein Gesicht.
Für diese Reiterstatue hatte der belgische Staat dennoch keinen Franken mehr übrig,
so daß eine Privatspendensammlung notwendig war.

Vorige Seiten
Der Japanische Turm, der von Leopold II. nach seinem Besuch der Weltausstellung in Paris im Jahre 1910 erbaut wurde.

Hinter den Säulen dieser Städtischen Bühne, des Theater der Monnaie, brach 1830 bei der Aufführung einer schlecht gesungenen Oper die Revolution aus, die zur Unabhängigkeit Belgiens führen sollte. Vor einigen Jahren fand dort eine neue Revolution statt, jetzt aber im Bereich der Opernkunst.

Der Brüsseler Justizpalast war einst das größte Bauwerk der Welt. Am Fuße dieses gigantischen Gerichtsgebäudes liegt das Volksviertel »Die Marolles«.

Volkstümliche Gassen in der Brüsseler Altstadt, obschon sehr reizend, sind selten geworden.

Oben
Die Giebelspitzen der rue de la Montagne, einer uralten Handelsstraße, bieten auch heute noch einen reizenden Anblick.
Rechts
Der Place des Martyrs ist ein Beispiel der schweren »Mißhandlung« von Brüsseler Bauwerken aus dem achtzehnten Jahrhundert.

Unten
Scharfe Kontraste sowohl im Baustil als in städtebaulicher Hinsicht: im Hintergrund ein neumodisches Krankenhaus in osteuropäischem Stil, das im Grunde schlimmer aussieht als die Überbleibsel der ersten Stadtmauern aus dem 13. Jahrhundert.

Links
*Diese Königlichen St.-Hubertus-
Galerien haben als Modell gedient
für fast alle großen und luxuriösen
Ladenpassagen, die am Ende des
vorigen Jahrhunderts in Europa
gebaut wurden. Es handelt sich hier
um eine sehr gelungene Mischung
aus Glas, Stahl, Architektur und
Räumlichkeit.*

Rechts
*Brüssel ist in architektonischer
Hinsicht nicht länger das Vorbild,
das es noch im neunzehnten
Jahrhundert gewesen ist. Leider
sind hier jetzt keine international
renommierten Architekten mehr
tätig. Dennoch können manche
Ausdrucksformen moderner
Architektur unter einem
bestimmten Gesichtswinkel
irgendwie ästhetisch sein.*

Der Jubelpark. Die Auffassungen über Stadtplanung und Architektur waren beim fünfzigsten Jahrestag Belgiens deutlich anders…

Folgende Seiten
Die runde Kuppel der Basilika
von Koekelberg — eigentlich die
»Basilika des Sacré-Cœur« — ist
eines der Brüsseler Wahrzeichen
geworden.

Links und folgende Seiten
Die Basilika von Koekelberg nimmt
seit kurzem nicht länger den vierten
Platz unter den größten Basiliken
der Welt ein.

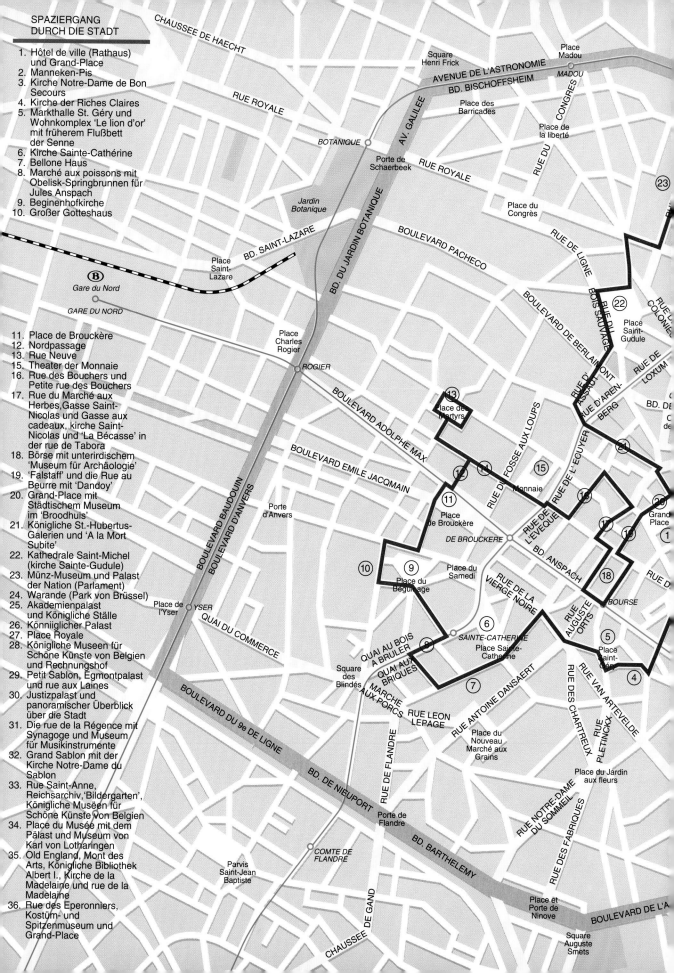

Inhalt

Info

Kolophon

Fremdenverkehrsverband der Stadt
Brüssel
Rathaus
Grand-Place
1000 Brüssel
Tel. (02) 513 89 40
Verwaltung
rue du Chêne 10
1000 Brüssel
Tel. (02) 513 45 38
Fax (02) 514 45 38

Fremdenverkehrsverband der
Provinz Brabant
Marché aux Herbes 61
1000 Brüssel
Tel. (02) 504 04 55

Graphische Gestaltung
Johan Mahieu
Umschlag
Studio Lannoo
Karte
Dirk Billen
Übersetzung
Mike Hinderdael

Satz, Druck und Binder
Drukkerij Lannoo nv, Tielt - 1993

© Uitgeverij Lannoo nv, Tielt
Gedruckt in Belgien
D/1993/45/17
ISBN 90 209 1993 8 (Pap.)
D/1993/45/18
ISBN 90 209 1997 0 (Geb.)
D/1993/3071/4
ISBN 90 5433 011 2 (Pap. GEV)
D/1993/3071/3
ISBN 90 5433 010 4 (Geb. GEV)